AF312223

COLLECTION

DE FEU

M. DUFRAINE

DE CAMBRAI

CATALOGUE

DE

TABLEAUX ANCIENS

Parmi lesquels plusieurs proviennent des Collections Érard, Tardieu, Dubois, C. Perier, Van den Scrieck de Louvain, Cornelyssen, etc.

FORMANT LA COLLECTION

De feu M. DUFRAINE, de Cambrai

ŒUVRES DE :

D. TÉNIERS, AD. OSTADE, J. RUYSDAEL. A. CUYP, METZU,

VAN DE VELDE, MIÉRIS, VAN DER HEYDEN ET VAN DE VELDE, BERGHEM,

OCHTERVELT, ÉGLON VAN DER NEER, BERKHEYDEN, MOUCHERON,

J. VERNET, CLAUDE LORRAIN, SASSO FERRATO, ALLORI, ETC.

DONT LA VENTE AURA LIEU

HOTEL DROUOT, SALLE N° 8,

Le Lundi 23 Février 1880,

A deux heures

Mᵉ CHARLES PILLET	**M. FÉRAL,** Peintre
COMMISSAIRE-PRISEUR	EXPERT
10, rue de la Grange-Batelière.	54, Faubourg-Montmartre.

Chez lesquels se trouve le présent catalogue.

EXPOSITIONS :
Particulière. Le Samedi 21 Février 1880.
Publique. Le Dimanche 22 Février 1880.

DE UNE HEURE A CINQ HEURES ET DEMIE.

CONDITIONS DE LA VENTE

Elle sera faite au comptant.

Les adjudicataires payeront *cinq pour cent* en sus des enchères.

Paris. — Typ. PILLET et DUMOULIN, 5, rue des Grands-Augustins.

MOUVEMENT DES ARTS

—

Collection Dufraine

Tableaux anciens. — MM. Pillet et Féral.

La Continence de Scipion, de *F. Franck*, 1.100 fr.; Port de Mer, par *Claude Gelée*, 4.200 fr.; la Meuse, par *van Goyen*, 1.080 fr.; Riche habitation hollandaise, par *van der Heyden* et *Adrien van de Velde*, 3.005 fr.; le Déjeuner, par *Metzu*, 3.900 fr.; Portrait d'une femme âgée, par *Miéris*, 1500 fr.; les Buveurs, d'*A. van Ostade*, 1.800 fr.; Portrait d'homme, par le même, 1.100 fr.; le Repas des moissonneurs, par *Teniers* fils, 2.800 fr.; Tabagie flamande, par le même, 4.115 fr.; Paysage, soleil couchant, par le même, 3.600 fr.; la Flotte hollandaise, par *W. van de Velde*, 6.600 fr.; l'Abreuvoir, attribué à *Cuyp*, 1.855 fr.; Christ, attribué à *Rembrandt*, 2.000 fr.; Marine, de *J. Vernet*, 1.000 fr.

Total de la vente (48 numéros) : 50.424 francs.

—

Dans la vente d'une collection de tableaux anciens formée de douze toiles seulement, faite la semaine dernière à l'hôtel Drouot, ont été adjugés par Me Charles Pillet : la Diseuse de bonne aventure, par *Antoine Watteau*, 15.100 fr.; la Ronde champêtre, par *Lancret*, 60.500 fr.

ture, niellure, repoussé, émail, incrustation,
damasquinure.

.*. Des dépêches d'Athènes, adressées à Berlin, informent que les fouilles entreprises sur l'emplacement d'Olympie ont fait découvrir, au sud-est du Metroon, les fondations en pierre du grand autel de Jupiter formant une ellipse de 44 mètres. On a également mis au jour une tête d'Auguste et une partie de la statue de la Niké de Paoinios.

LE NOUVEAU MUSÉE DE ROUEN

Les tableaux que possède la ville de Rouen, trop nombreux pour trouver place et d'ailleurs mal éclairés dans l'étroite galerie et dans les salles sombres qui leur étaient affectées à l'Hôtel de Ville, provisoirement installés dans la partie achevée du Musée-Bibliothèque que l'on est en train de construire, viennent d'être livrés au public.

Les salons et les galeries où tous ces tableaux ont été exposés ne forment que le tiers environ du monument projeté, et n'en constituent qu'une des ailes.

Une autre aile, absolument symétrique, sera bâtie parallèlement, sur les maisons que l'on exproprie aujourd'hui ; elle sera réunie à la première par des galeries transversales.

. . lacsée à l'une de ces

DÉSIGNATION

ALDEGRAEVER

(HENRI)

1 — Portrait présumé d'Albert Durer.

> Vu jusqu'à la ceinture, la tête, de trois quarts,
> tournée vers la droite, coiffé d'un chapeau à large
> bord, les cheveux blonds ; vêtement laissant voir
> la chemise plissée sur les épaules, les manches
> rouges; pardessus garni de fourrure.
> Il tient sa palette et ses pinceaux.

> Bois. Haut., 41 cent.; larg., 31 cent.

ALLORI

(ALEXANDRE)

2 — Sainte Catherine.

> Vue jusqu'à la ceinture, la figure, de trois quarts,
> tournée vers la gauche, elle est vêtue d'une
> robe verte avec écharpe rosée, nouée sur la poi-
> trine; elle a une main posée sur l'instrument de son
> supplice et tient de l'autre la palme du martyre.

> Bois. Haut., 64 cent.; larg., 47 cent.

BALEN

(J. VAN)

ET

KESSEL

(J. VAN)

260

3 — Les Nymphes endormies.

Étendues à l'ombre de grands arbres, à gauche,
elles se laissent surprendre par deux satyres ; à
droite, de nombreux chiens au repos ; au premier
plan, un amour tient deux lévriers en laisse qui
semblent vouloir donner l'éveil.

Cuivre. Haut., 48 cent.; larg., 62 cent.

BERGHEM

(NICOLAS)

510

4 — L'Abreuvoir.

Des vaches et des chèvres au bord d'une rivière,
auprès de constructions en ruines ; à droite, un
berger debout, son chien à ses côtés ; dans le fond,
des montagnes.

Bois. Haut., 30 cent.; larg., 28 cent.

BERKHEYDEN

(GÉRARD)

5 — Une rue de Leyde.

A droite, dans la demi-teinte, de riches constructions ; au second plan, quelques personnages ;
le soleil, à son déclin, éclaire les maisons de gauche ; vers le fond, un canal et un pont.

Les figures sont attribuées à Adrien Van de
Velde.

Bois. Haut., 39 cent.; larg., 35 cent.

BOUT

(PIERRE)

(Genre de BERGHEM.)

6 — Le Passage du gué.

Des bergers, suivis de leur troupeau, font halte
sur les bords d'un cours d'eau où des vaches, des
moutons et des chèvres se désaltèrent ; au second
plan, deux hommes montés sur un rocher ; vers
le fond, à gauche, des monticules boisés.
Ciel nuageux éclairé par les rayons du soleil
couchant.

Bon et spirituel tableau de l'artiste.

Bois. Haut., 45 cent.; larg., 37 cent.

BREUGHEL

(PIERRE)

7 — Fête flamande.

De nombreux villageois sont réunis à l'entrée
d'un village ; au centre, les uns se livrent à une
danse effrénée pendant que d'autres, assis autour d'une table, prennent leur repas ; à gauche,
deux personnages aident un homme ivre à entrer
dans un bateau. Au fond, des saltimbanques font
la parade.

Fin et spirituel tableau de l'artiste.

Bois. Haut., 45 cent.; larg., 73 cent.

CORRÈGE

(Attribué à ANTONIO ALLEGRI dit le)

8 — La Vierge et l'enfant Jésus.

La Vierge, assise sur les nuages, tient l'enfant
Jésus sur ses genoux. Elle pose un pied sur le
globe terrestre.

Peinture sur ardoise, cintrée du haut.

Haut., 26 cent.; larg., 17 cent.

COXCIE

(MICHEL)

9 — Des martyrs.

Ils sont debout, dans la campagne ; à droite,
l'un d'eux, vêtu d'un surplis, tient un livre, deux
épées traversent sa poitrine ; au centre, un moine
tient un calice. — Des anges voltigent au-dessus
d'eux, portant des couronnes et des armoiries.

Bois. Haut., 34 cent.; larg., 27 cent.

CUYP

(Attribué à ALBERT)

10 — L'Abreuvoir.

Des villageois sont groupés sur un monticule
qui s'élève au bord d'un cours d'eau où des cavaliers viennent faire boire leurs chevaux : au
centre, un homme monté sur un cheval blanc qui
se cabre ; à droite, deux cavaliers, dont l'un
frappe avec sa cravache un cheval qu'il veut
entrer dans la rivière ; sur le devant, un baigneur ;
à gauche, d'autres cavaliers et des chiens auprès
d'une construction en ruines.

Charmant et beau tableau d'une remarquable
finesse d'exécution.

Cuivre. Haut., 44 cent.; larg., 52 cent.

DIETRICH

(CHRÉTIEN-GUILLAUME)

11 — Le Repos dans le parc.

Des jeunes femmes sont réunies auprès d'une fontaine; au centre, l'une d'elles, vêtue d'une robe jaune, assise sur un banc de pierre, regarde un enfant qui lui montre une guirlande de fleurs.

Bois. Haut., 42 cent.; larg., 32 cent.

DIETRICH

(CHRÉTIEN-GUILLAUME)

12 — Le Marchand de bijoux.

Bois. Haut., 22 cent.; larg.; 18 cent.

DUCHATEL

(FRANÇOIS)

13 — Portrait d'homme.

La tête de face, un manteau rouge sur les épaules.

Cuivre ovale. Haut., 09 cent.; larg., 06 cent.

DYCK

(Attribué à ANTOINE VAN)

14 — Portrait d'un seigneur génois.

Debout, de grandeur naturelle, vu jusqu'aux genoux, la tête, de trois quarts, tournée vers la droite, cheveux tombant, petites moustaches relevées en pointe, riche vêtement en soie noire ; il est drapé dans un manteau qu'il retient de la main droite. Fond avec colonne et grand rideau rougeâtre.

Provenant de la collection du marquis de Cambioso.

Toile. Haut., 1 m. 30 cent.; larg., 1 m. 10 cent.

EECKHOUT

(GERBRANDT VAN DEN)

15 — Agar aux pieds d'Abraham.

Le patriarche debout, vêtu d'une tunique violette et drapé dans un manteau jaune, regarde la jeune femme, qui, à genoux, lui montre son fils Ismaël ; à gauche, s'élève une construction avec tourelles ; dans le fond, la porte d'une ville entourée de murs.

Bon tableau de l'artiste, signé et daté 1666.

Toile. Haut., 1 m. 02 cent.; larg., 85 cent.

FRANCK

(FRANÇOIS)

//00   16 — La Continence de Scipion.

Le vainqueur est assis devant sa tente et entouré des principaux chefs de son armée; à droite, est une jeune fille en pleurs ; au centre, un seigneur portant une tunique rouge, fait sa soumission, un vieillard lui présente un coffret ; une jeune femme offre ses joyaux, accompagnée de ses suivantes et de ses serviteurs ; des vases d'or et des matières précieuses sont placés aux pieds du conquérant. On aperçoit dans le fond de nombreux cavaliers.

Beau et important tableau de l'artiste.

Bois. Haut., 98 cent.; larg., 1 m. 40 cent.

GELÉE

(CLAUDE, dit le LORRAIN)

17 — Port de mer.

Ce tableau, qui provient de la collection du chevalier Érard, est ainsi décrit dans le catalogue de cette célèbre collection :

« Un vaste port formé d'une baie, et dans lequel s'avance une fortification flanquée de quatre tours carrées, occupe la plus grande partie du point de vue. Au delà est une ville adossée à de hautes montagnes. Un navire est à l'ancre à l'entrée de la baie ; un autre est en chantier du côté du fort. Dans le port, voguent çà et là plusieurs petites barques, les unes garnies de voiles, les autres conduites par des rameurs. Des colonnes, restes d'un antique et somptueux édifice, se marient avec des arbres sur le premier plan, tout à fait à la gauche du tableau, et masquent en partie un vaisseau qui est amarré au rivage. Quant à la principale scène dont Claude Lorrain a enrichi ce paysage, elle consiste en un groupe de trois femmes plongées dans une grande affliction, et en une quatrième qui s'entretient avec un pâtre près duquel paissent quelques chèvres et brebis. Un peu plus loin, vers la droite, on voit encore plusieurs hommes tirant un bateau à bord.

« L'heure choisie par le peintre est celle du coucher du soleil. »

Ce tableau a également fait partie de la collection Dubois, vendue en 1860.

Toile. Haut.. 1 m. 25 cent.; larg., 1 m. 72 cent.

GOYEN

(JAN VAN)

1080

18 — La Meuse.

A droite, des pêcheurs débarquent des paniers de poissons au pied d'une riche habitation avec pont-levis; au centre, un moulin s'élève au-dessus de la tour d'un vieux rempart, des bateaux sont au mouillage; à gauche, trois personnages, dans un canot, se disposent à gagner le large. Dans le fond, on aperçoit des bateaux à voiles et la silhouette de quelques arbres et clocher.

Bon tableau du maître, d'une parfaite conservation, signé du monogramme et daté 1649.

Toile. Haut., 79 cent.; larg., 1 m. 26 cent.

HEEM

(CORNEILLE de)

580

19 — Fruits.

Des raisins, des poires et des oranges dans un panier renversé auprès d'un homard ; à droite, un cruchon en grès, au-dessus, des grenades, une branche de cerisier et du maïs; à gauche, des fruits dans une coupe auprès d'un plat d'argent.

Toile. Haut., 90.; larg., 1 m. 25 cent.

HERP

(G. VAN)

20 — L'Adoration des Mages.

La Vierge, assise sur la droite, présente l'enfant
aux Rois Mages, qui se prosternent devant lui
et lui offrent leurs présents; dans le ciel, deux
petits anges.

Bois. Haut., 50 cent.; larg., 42 cent.

HEYDEN

(J. VAN DER)

ET

VELDE

(ADRIEN VAN DE)

21 — Riche habitation hollandaise.

Au premier plan, un champ de gazon et de
bruyère où paissent des cerfs et des biches ; au
centre, un chemin ; un seigneur donne le bras
à une dame, une servante les accompagne ; un

peu plus loin on aperçoit quelques personnages se promenant, un jeune garçon effrayant un cerf; au centre, un château avec tourelle vivement éclairé par le soleil couchant. A droite, des arbres et des jardins en terrasses; à gauche, des murs de clôture et le clocher d'une église se détachant sur un ciel nuageux et doré.

Fin et beau tableau orné de jolies figures d'Adrien Van de Velde.

Bois. Haut., 48 cent.; larg., 57 cent.

HUGTENBURGH

(J. VAN)

22 — Bataille.

L'attaque a lieu sur les bords d'une rivière ; au premier plan, des cavaliers se battent avec acharnement, plusieurs gisent étendus sur le sol auprès de leurs chevaux; d'autres se poursuivent jusque dans la rivière; au second plan, un fort.

Fin et bon tableau de l'artiste. Signé en toutes lettres.

Toile. Haut., 58 cent.; larg., 68 cent.

LEYDEN

(Attribué à LUCAS VAN)

23 — Portrait d'un professeur.

Il est vu à mi-corps, vêtu de noir, la figure de trois quarts avec barbe et moustaches, la main gauche posée sur une tête de mort; il montre de la main droite un cartel où se lit l'inscription suivante :

Dirigetvr oratio mea
Sicvt incensvm. Psal.

Bois. Haut., 64 cent.; larg., 44 cent.

MAAS

(NICOLAS)

24 — Portrait de jeune femme.

Vue en buste, elle porte un collier de perles et a les épaules couvertes d'un manteau doublé de fourrure.

Toile ovale collée sur bois. Haut.. 49 cent.; larg., 37 cent.

METZU

(GABRIEL)

25 — Le Déjeuner.

Une vieille femme vêtue d'une robe de drap
foncé, la tête couverte d'une coiffe, fichu blanc sur
les épaules et tablier bleu, se dispose à couper une
tranche de jambon qui est dans un plat posé sur
un tabouret; à ses pieds un verre de bière; à
droite, un chat; dans le fond, une cheminée, au-
dessus, divers ustensiles de cuisine; à gauche,
un escalier de bois.

De la collection du comte de Cornelyssen.

Toile. Haut., 82 cent.; larg., 67 cent.

METZU

(Attribué à GABRIEL)

26 — La Servante.

Debout, vue jusqu'aux genoux, richement vêtue,
elle tient un plat d'argent contenant des fruits;
un soldat lui présente un verre.

Bois. Haut., 21 cent.; larg., 17 cent.

MIERIS

(WILLIAM VAN)

27 — Portrait d'une femme âgée.

Elle est devant une fenêtre, assise dans un
fauteuil, vêtue d'une robe de satin noir avec une
collerette rabattue, ceinture d'or avec agrafe
finement ciselée; devant elle, posés sur une table
couverte d'un tapis, un livre et un plat d'argent
contenant des fruits; dans le fond, une cafetière
et une cage suspendues au mur.

Signé : W. Van Mieris.

Bois. Haut., 40 cent.; larg., 30 cent.

MIGNON

(ABRAHAM)

28 — Fruits et insectes.

Du raisin, des abricots, des prunes, un melon
et autres fruits déposés au pied d'un arbre; sur le
devant, des fraises sur une feuille de chou; des
limaçons, des papillons et autres insectes courent
ou voltigent sur ces fruits.

Bois. Haut., 52 cent.; larg., 40 cent.

MOUCHERON

(FRÉDÉRIC)

29 — Riche habitation hollandaise.

Une dame et un seigneur descendent le perron
au bas duquel un valet tient des chevaux ; sur le
devant, un cavalier, un homme portant des fau-
cons, suivi de plusieurs chiens ; à droite, une fontaine ; à gauche, un vase orné de bas-relief.

Beau et important tableau de l'artiste.

Toile. Haut., 1 m. 23 cent.; larg., 1 m. 02 cent.

NEEFS

(PETER)

30 — Intérieur d'Église.

La nef est éclairée vers le fond par un rayon
de lumière ; sur la gauche, une chapelle où un
prêtre dit la messe ; des ecclésiastiques, des
dames et des seigneurs agenouillés assistent à
l'office.

Fin tableau de l'artiste. Provenant de la collection du cardinal Fesch.

Cuivre. Haut., 35 cent.; larg., 44 cent

OCHTERVELT

31 — Le Concert.

Une jeune femme vêtue d'une robe de soie rose
touche du clavecin ; à sa droite, un jeune homme
assis l'accompagne sur le violon : dans le fond,
une femme les écoute.

Toile. Haut., 91 cent.; larg., 75 cent.

OSTADE

(ADRIEN VAN)

32 — Les Buveurs.

Un homme coiffé d'un bonnet rouge et vêtu
d'une veste grise est assis auprès d'une table, la
main droite appuyée sur le dossier de sa chaise ;
il tient un cruchon dont il a vidé le contenu, der-
rière lui, un homme, les bésicles sur le nez, exa-
mine le cruchon avec dépit.

Dans le fond une porte ouverte donne sur
une pièce voisine.

Charmant petit tableau d'une exécution fine et
transparente.

Signé en toutes lettres.

Bois. Haut., 21 cent.; larg., 17 cent.

OSTADE

(ADRIEN VAN)

33 — Portrait d'homme.

Vu jusqu'à la ceinture, la tête couverte d'un bonnet rouge, il porte une collerette et un vêtement sombre en partie caché par un ample manteau gris.

Fine peinture du maître.

[Bois. Haut., 16 cent.; larg., 11 cent.

POELENBURG

(CORNEILLE VAN)

34 — Les Baigneuses.

Dans un paysage accidenté, trois jeunes femmes se reposent au premier plan, tandis que deux de leurs compagnes se baignent dans un cours d'eau coulant entre deux rochers ; à droite, des murs en ruines ; vers le fond, un petit monument, des arbres et des montagnes.

Bois. Haut., 20 cent.; larg., 26 cent.

POELENBURG

(CORNEILLE)

35 — Nymphes dans un paysage.

Trois jeunes femmes se reposent au premier plan, auprès de bâtiments en ruines.

Cuivre. Haut., 14 cent.; larg., 16 cent.

REMBRANDT

(Attribué à VAN RYN)

36 — Le Christ.

En buste, de grandeur naturelle, la figure, de trois quarts, tournée vers la droite, cheveux châtains tombant sur les épaules, barbe et moustaches légères; il porte une robe rougeâtre avec liseré d'or.

Toile. Haut., 44 cent.; larg., 36 cent.

RUYSDAEL

(Genre de JACQUES)

37 — Paysage, arbres, rochers et chute d'eau au premier plan.

Toile. Haut., 49 cent.; larg., 56 cent.

SASSO FERRATO

38 — La Vierge et l'enfant Jésus.

La Vierge est vue jusqu'à la ceinture, l'Enfant, assis sur un coussin, bénit de la main droite et a le bras gauche autour du cou de sa mère.

Bon tableau du maître.

Toile. Haut., 65 cent.; larg., 48 cent.

SLINGELAND

(PIERRE VAN)

39 — La Jeune Mère.

Elle est assise et coud auprès d'une table; à sa droite, un jeune garçon coiffé d'un chapeau à large bord joue avec un oiseau qui est dans une cage; au fond, une cheminée et un tableau suspendu à la muraille.

Bois. Haut., 40 cent.; larg., 35 cent.

TÉNIERS

(DAVID le fils)

40 — Le Repas des Moissonneurs.

Les plats sont posés sur une serviette jetée à
terre ; vers la droite, un homme tient un cruchon
et boit ; à gauche, un vieillard coupe du pain ;
sur le devant, un villageois assis, vêtu d'une che-
mise blanche, avec culotte bleue, cause avec une
jeune mère qui tient son enfant sur ses genoux ;
près d'eux, une femme âgée tenant une écuelle ; à
gauche, un homme, vu de dos, dort étendu sur
le sol ; au second plan, on aperçoit des villageois
occupés à tondre des moutons ; dans le fond, des
arbres et le clocher d'une église.

Provenant des collections Van den Scrieck de
Louvain et Tardieu.

Toile. Haut. 48 cent.; larg., 62 cent.

TÉNIERS

(DAVID le fils)

41 — Tabagie flamande.

Un fumeur, assis sur un escabeau, le bras droit
appuyé sur un banc, parait plongé dans une
douce rêverie, lançant en spirale la fumée de sa
pipe ; à gauche, un second fumeur dans la demi-
teinte ; vers le fond, un troisième personnage vu
de dos.

Charmant tableau de la plus fine qualité du maître, signé en toutes lettres.

Provenant de la collection Philipps, de Londres.

Bois. Haut., 24 cent.; larg., 18 cent.

TÉNIERS

(DAVID)

3 600

42 — Paysage. — Soleil couchant.

Au centre, un villageois appuyé sur un bâton, écoute un berger qui joue de la flûte ; des chèvres et des moutons se reposent près d'eux ; au second plan, un cours d'eau ; vers le fond, des rochers surmontés de quelques arbres ; au-dessous, une habitation et trois villageois.

Œuvre importante du maître, provenant des collections du chevalier Érard et du baron de Montlouis.

Toile. Haut., 1 m. 20 cent.; larg., 1 m. 85 cent.

VÉLASQUEZ

(Attribué à DON DIEGO)

180

43 — Portrait d'une femme âgée.

Debout, vue à mi-corps, la tête de trois quarts tournée vers la gauche, vêtement noir avec voile sur la tête; elle tient un livre.

Toile. Haut., 90 cent.; larg., 70 cent.

VELDE

(WILLIAM VAN DE)

44 — La Flotte hollandaise.

De nombreux vaisseaux de guerre sont rangés
en bataille; plusieurs, toutes voiles dehors,
attendent le signal du départ. Au premier plan,
des bateaux de pêcheurs et des barques chargés
de villageois.

Fin et beau tableau signé. Provenant de la
collection Casimir Périer père.

Toile. Haut., 41 cent.; larg., 55 cent.

VERNET

(JOSEPH)

45 — Marine. — Effet de clair de lune.

Des hommes se baignent au premier plan pendant que d'autres sont réunis autour d'un feu sur
lequel est suspendue une marmite; à droite,
s'élèvent des rochers couverts d'arbustes. Au second plan, à gauche, une tour près de laquelle
sont amarrés des bateaux de pêche.

Ciel nuageux.

Très bon tableau du maître. Signé.

Toile. Haut., 62 cent.; larg., 98 cent.

WEENIX

(JEAN-BAPTISTE)

2 0 0

46 — Pastorale.

Une bergère vêtue d'une robe jaune, la tête couverte d'un chapeau à large bord, est assise au pied d'un arbre ; un berger, à sa droite, la saisit entre ses bras.

Peinture d'un ton chaud et lumineux.

Toile. Haut., 1 m.; larg., 1 m. 18 cent.

WEENIX

(Genre de JEAN-BAPTISTE)

3 0 0

47 — Gibier dans un parc.

Un lièvre pendu par la patte, deux perdrix et un petit oiseau jetés à terre ; à droite, des fruits et une gibecière.

Toile. Haut., 1 m. 07 cent.; larg., 92 cent.

WATTEAU

(LOUIS, de Lille).

1 5 8

48 — Portrait de Mme de B...

Assise devant une table, elle se dispose à prendre le thé ; à droite, un jeune homme debout tient une tasse et un biscuit; vers le fond, une femme portant un costume religieux.

Toile. Haut., 1 m. 37 cent.; larg., 1 m. 07 cent.

www.ingramcontent.com/pod-product-compliance
Ingram Content Group UK Ltd.
Pitfield, Milton Keynes, MK11 3LW, UK
UKHW031727170726
13836UKWH00001B/494